Angelika Tzschoppe

AF189722

Wer sich noch freuen kann,
ist besser dran

Geschichten für Senioren

ANGELIKA TZSCHOPPE 1945 in Oberfranken geboren, lebt in Hollfeld in der Fränkischen Schweiz. Sie ist verheiratet, hat zwei Söhne und drei Enkelkinder. Nach dem Abitur machte sie ein soziales Jahr in einem Münchner Seniorenheim und hat auch heute noch Kontakte zu Senioren in Hollfeld.

Angelika Tzschoppe
**Wer sich noch freuen kann,
ist besser dran**

Geschichten für Senioren

Bibliografische Information der
Deutschen Nationalbibliothek
Die Deutsche Nationalbibliothek
verzeichnet diese Publikation in der
Deutschen Nationalbiografie,
detaillierte bibliografische Daten sind
im Internet über http://dnbdnb.de
abrufbar.

© 2019 Angelika Tzschoppe
Herstellung und Verlag
BoD – Books on Demand, Norderstedt

ISBN 9783749498819

Inhalt

Schönliebchen

„Eigenartiger Name für eine Puppe",
sagte Inga kopfschüttelnd. „Aber schön
ist sie und lieb schaut sie auch aus",
meinte Billy. Die beiden Frauen saßen
vor dem Computer und klickten bei e-
bay das Schönliebchen auf
verschiedenen Fotos an, um es genauer
betrachten zu können.
„Überhaupt nicht bespielt ist die Puppe
und die Originalkleidung hat sie auch
noch an. Die fehlt mir noch in meiner
Sammlung". Inga war beeindruckt.
„Los, gönn sie dir, du hast bald
Geburtstag", ermunterte Billy die
Freundin. Brauchst nicht mal
mitbieten, der Sofortpreis von 120 Euro
ist wirklich nicht zu hoch". Und Inga
ließ sich überzeugen. Sie war eine
begeisterte Puppensammlerin und hatte
im Internet schon manches

Schnäppchen gemacht.

Nach einer Woche brachte der Paketdienst eine längliche Schachtel, die Inga aufgeregt öffnete. Wirklich, die Puppe war genau so schön wie auf den Fotos. Begeistert rief Inga ihre Freundin an. Als diese am nächsten Tag zur Begutachtung kam, entdeckte sie in der Schürzentasche von Schönliebchen einen kleinen Zettel. „Guck mal, eine Botschaft", rief sie überrascht. In steiler Schrift stand auf hellblauem Papier: „Alles Gute, Schönliebchen. Ich hätte dich gerne behalten. Deine Ruth Habersberger". „Auf dem Paket stand ein anderer Name: Marika Böhm. Wer wohl diese Ruth Habersberger ist? Die Schrift sieht nach alter Frau aus, die wollte die Puppe gar nicht hergeben", überlegte Inga. „ Frag doch mal die Marika", schlug Billy vor. Noch am gleichen Tag schickte Inga eine e-mail an Frau Böhm. „Liebe Frau

Böhm, ich habe heute die Puppe erhalten. Wer ist Ruth Habersberger? Gehörte ihr die Puppe?"

Am nächsten Morgen kam die Antwort: „Ruth Habersberger ist meine Schwiegermutter. Sie ist ins Seniorenheim nach Nürnberg gezogen. Wir haben viele Sachen von ihr verkaufen müssen, weil die Heimplätze so teuer sind. Viel Freude mit der Puppe. Marika Böhm."

Aber die Freude wollte sich bei Inga nicht einstellen. Immer wieder zog sie den kleinen Zettel aus Schönliebchens Schürzentasche. Wie sie wohl aussah, diese Ruth Habersberger, die ihr Schönliebchen so gern behalten hätte. Und dann stand Ingas Entschluss fest. Sie wollte Ruth Habersberger kennen lernen. Nach sieben Telefonanrufen hatte Inga das richtige Seniorenheim gefunden. Drei Seniorenheime hatten die Auskunft verweigert. Erst als Inga ihre Geschichte erzählte, erfuhr sie von einer Frau am Telefon, dass Frau Habersberger seit zwei Monaten im Heim sei. Eine ruhige, alte Dame, die sich schwer tat mit dem Eingewöhnen. „Natürlich komme ich mit", sagte Billy. „Ich möchte doch auch Schönliebchens Besitzerin kennen lernen. Und so machten sich Inga und Billy am Wochenende auf den Weg und fuhren ins Altenheim zu Ruth Habersberger. Mit von der Partie war natürlich das Schönliebchen.

Ruth Habersberger traute ihren Augen nicht, als sie die beiden jungen Frauen vor ihrer Zimmertüre stehen sah.

„Schönliebchen hat so Heimweh nach Ihnen gehabt. Sie möchte bei Ihnen zur Miete wohnen. Und das Eingewöhnen im Heim möchte sie Ihnen auch erleichtern", begann Inga stockend.

„Wer sind Sie...Woher wissen Sie"... Frau Habersberger wusste gar nicht, was sie fragen und sagen sollte. Da begannen Inga und Billy ausführlicher zu erzählen. Zum Schluss sagte Inga: „Vor Ihrer Schwiegertochter müssen Sie das Schönliebchen nicht verstecken. Ich habe ihr schon Bescheid gesagt". Dann bekam die Puppe einen neuen Zettel in die Schürzentasche gesteckt: Wohne hier zur Miete. Eigentum von Inga Lindner. „Ihr müsst Schönliebchen bald wieder besuchen", sagte die alte Dame beim Abschied und wischte sich gerührt eine Träne aus den Augen. „Nicht nur Schönliebchen, sondern auch ihre nette Pflegemutter", waren sich Inga und Billy einig.

Alle Jahre wieder

„Nein, nicht schon wieder alle Jahre, das Christkind kommt nicht im Juni", seufzte die junge Praktikantin Britta genervt. Die ältere Pflegerin des Seniorenheimes lachte. „Herr Schneider kann nur diese eine Melodie spielen. Daran müssen Sie sich schon gewöhnen". Im Aufenthaltsraum saß ein schmaler, weißhaariger alter Mann mit einer Zither. Hingebungsvoll zupfte er die Saiten und sang dazu.„Spielen Sie doch mal etwas anderes", sprach ihn Britta im Vorübergehen an. „Ja, alle Jahre wieder", nickte Herr Brand erfreut und begann von neuem.
„Es gibt Schlimmeres", meinte die Pflegerin. „Herr Schmitt klaut Brillen, Frau Schuster versteckt Essensreste im Schrank und Herr Maier zählt pausenlos sein Geld. Wer weiß, was

wir machen, wenn wir so alt sind. Dann doch lieber das Christkind rund ums Jahr."

Und dann hatte Britta eine Idee. Beim nächsten Pflegediensttreffen stellte sie „Unser Lied des Hauses" vor, mit der Melodie: Alle Jahre wieder.

„Ab sofort nicht nur ein Weihnachtslied, sondern ein Lied fürs ganze Jahr", verkündete sie fröhlich. Britta hatte sich für jeden Monat Texte überlegt und stellte diese auch gleich vor.

Januar: Alle Jahre wieder gibt es
            Eis und Schnee,
            Kinder fahren Schlittschuh
            auf dem kleinen See.
Februar: Alle Jahre wieder ist ein
            großer Ball.
            Fasching für Senioren gibt`s
            bei uns im Saal.
März: Alle Jahre wieder

zwitschern Star und Co
und die Menschenkinder
sind von Herzen froh.

April: Alle Jahre wieder kommt
der Osterhas
und versteckt die Eier
zwischen Strauch und Gras.

Mai: Alle Jahre wieder kommt
der Monat Mai,
schenkt uns bunte Blumen
und macht alles neu.

Juni: Alle Jahre wieder fahren wir
hinaus
über Wald und Felder,
niemand bleibt zu Haus.

Juli: Alle Jahre wieder, wird`s im
Juli heiß,
uns schmeckt dann am
besten rosa Erdbeereis.

August: Alle Jahre wieder, wenn es
wird August,
Sommerfest im Freien, das
ist eine Lust.

September: Alle Jahre wieder ist die
Erntezeit,
Äpfel, Birnen, Trauben,
jeder sich jetzt freut.

Oktober: Alle Jahre wieder bläst
Oktoberwind,
viele bunte Drachen dann
am Himmel sind.

November: Alle Jahre wieder naht die
dunkle Zeit,
Martinslampen leuchten in
der Dunkelheit.

Dezember: Alle Jahre wieder kommt
das Christuskind,
auf die Erde nieder, wo wir
Menschen sind ...

Und so kam es, dass das Lied das
ganze Jahr gesungen und gespielt
wurde und sich niemand mehr an der
Melodie störte.

Januar

Der Schnee hüllt Weg und Stege ein.

April

Soeben lacht die liebe Sonne.

Juli

und baden in der blauen See.

Oktober

Die Äpfel springen von den Zweigen.

Paula und Maria

Sie waren in der gleichen Woche ins Heim gekommen, am Montag Maria Hoppe und am Donnerstag Paula Wolf. Beide waren sie 86 Jahre alt und beide waren geistig noch sehr rege und aufgeschlossen. Maria hatte Schwierigkeiten beim Laufen und Paula mit dem Sehen. Die beiden Neulinge fanden sich von Anfang an sympathisch und fühlten sich gemeinsam gleich viel heimischer in der neuen Umgebung. „Zu zweit sind wir ein gutes Team", pflegten sie bald zu sagen. „Ich bin für das Laufen zuständig und Maria für das Sehen", verkündete Paula zufrieden.

Und so marschierten die beiden los. Paula hängte sich bei Maria ein und gab ihr Halt und Maria warnte Paula, wenn es eine Stufe oder eine unebene

Stelle gab. Und so gehörten die beiden bald zum Stadtbild dazu. Maria mit dem Gehstock und Paula mit dem blauen Rucksack. Auch im Supermarkt war das Zweierteam schon nach kurzer Zeit gern gesehen. Niemand störte sich daran, dass Maria ihrer Freundin alles zum Befühlen in die Hand gab oder dass Paula an der Kasse bat. „Würden Sie uns bitte vorlassen, meine Maria kann nicht so lange stehen".

„Maria und Paula haben es gut", etwas neidisch reagierte anfangs die Wohngruppe im Heim auf die beiden Neuankömmlinge. Aber als die beiden vor ihren Spaziergängen immer fragten: „Wer braucht was vom Supermarkt?", da hatten alle Paula und Maria schnell ins Herz geschlossen und sich erfreut Pfefferminz, Schokolade und Illustrierte mitbringen lassen.

Großes, kleines Glück

„Warum weinen Sie Frau Schuster", flüsterte Pflegerin Sabine beunruhigt. „Soll ich Sie auf Ihr Zimmer fahren, haben Sie Schmerzen?" Aber die alte Dame im Rollstuhl wehrte entschieden ab. Da sah Sabine, dass die Augen der betagten Frau, trotz der Tränen strahlten.

Als das Streichquartett, das ab und zu im Altenheim spielte, sich verabschiedet hatte und alle Bewohner wieder unterwegs zu ihren Zimmern waren, fragte Sabine noch einmal bei Frau Schuster nach: „Ich habe mir Sorgen gemacht um Sie." „Nicht nötig", sagte diese und ihre Augen strahlten noch immer. „Das war so schön, so wunderschön. Danke, dass ich das hören durfte. Das vorletzte Musikstück von Bach, das habe ich mit meinem Mann Anton kurz vor seinem Tod im Konzert gehört. Seitdem nie mehr."

Als Frau Schuster wieder an ihrem Gruppentisch saß, musste sie den anderen Bewohnern auch davon erzählen. „Das war wie Paradies, das war so vollkommen, mein Anton war mir so nah. Habt ihr auch schon mal so was Schönes erlebt?"

Nach einer langen Pause sagte Frau Merten: „Naja, nicht mit Musik, aber gestern, das war auch wunderbar. Ich saß am geöffneten Fenster, da kam mein kleiner Spatz angeflogen, dem ich immer Futter hinstreue. Plötzlich setzte er sich, wahrscheinlich aus Versehen, auf meine Hand. Nur ganz kurz, aber seine kleinen Füße haben mich berührt und seine Flügel haben mich gestreift. Ein winziger Moment, aber das vergesse ich nicht. Ich will immer daran denken, wenn mein Rheuma

kommt und mich zwickt."
Frau Merten blickte auffordernd in die
Runde, aber die anderen dösten
teilnahmslos vor sich hin und Frau
Eder jammerte über Rückenschmerzen.
„Da tut es gut an was ganz
Schönes zu denken", Frau Merten gab
nicht auf. „Ja doch, jetzt fällt mir auch
was ein. Im letzten Jahr nach meiner
starken Bronchitis, als ich das erste
Mal wieder vor die Türe gegangen bin,
da blühte die Zierkirsche. Ich habe sie
noch nie so schön gesehen. Eine rosa
Pracht war das. Dazu der blaue
Himmel und das Gesumm der Bienen.
Ich habe mich auf die Bank gesetzt und
war einfach nur glücklich. Da denke
ich auch manchmal noch dran". Und
Frau Eder schien beim Erinnern ihren
schmerzenden Rücken zu vergessen.
Sabine hatte beim Bügeln unauffällig
mitgehört. Noch am gleichen Abend
legte sie ein Heft an. „Meine

Glücksmomente", schrieb sie darauf.
Dieses Heft hatte sie immer dabei,
wenn sie auf die verschiedenen
Stationen kam. Allmählich füllte sich
ihr Büchlein.

„Als mein kleiner Sohn geboren wurde
und das erste Mal an meiner Brust
saugte", erinnerte sich Frau Bachmann
und Herr Schmitz: „Als mir der Doktor
sagte, dass meine Frau nach ihrem
schweren Unfall aus dem Koma
aufgewacht ist." Herr Degen erzählte
von einem prächtigen Regenbogen, den
er einmal während einer Bergtour
gesehen hatte. Und so reihte sich
Glücksmoment an Glücksmoment. Sie
waren ganz unterschiedlicher Art, so
unterschiedlich wie die, die sie erlebt
hatten.

Da wusste jemand von einem
geschenkten Stück Brot zu berichten
während des Krieges, jemand von
einem überwältigenden

Sonnenuntergang am Meer. „Als mein Baby mich das erste Mal anlachte", „als ich mit einem jungen Mann im Zugabteil zusammenstieß und sofort spürte: Der ist`s!" Lauter spontane Momente mit nachhaltiger Wirkung. „Ich bring euch einen neuen Glücksmoment", rief Sabine, wenn sie auf eine Station kam und winkte fröhlich mit dem Heft. „Dann brauchen Sie eine Pille weniger!"

Nur zwei Tage

„Ich habe gar nicht gewusst, dass Sie eine Tochter haben, die hier am Ort wohnt", Susi tat sehr erstaunt. Susi gehörte zur Gruppe des ehrenamtlichen Besuchsdienstes und war für Frau Maier eingeteilt worden. „Zu der kommt selten jemand", hatte es geheißen. „Übernehmen Sie mal die Maiern!"
Und dann war Susi gekommen, um die alte Dame im Rollstuhl kennen zu lernen. Begeistert hatte diese nicht gerade gewirkt, als Susi sich damals vorgestellt hatte. Argwöhnisch hatte sie Susi begutachtet. „Was wollen Sie von mir, ich habe nichts."
Verbittert war sie, die kleine grauhaarige Frau mit dem stechenden Blick und Susi fiel es nicht leicht mit ihr ins Gespräch zu kommen. Trotzdem

kam sie regelmäßig.

„Wer hat Ihnen gesagt, dass ich eine Tochter habe? Ich habe keine. Für mich ist sie gestorben". Susi schwieg betroffen. Man hatte sie gewarnt. „Die Tochter kommt nie, da stimmt irgend etwas nicht. Da gab`s Probleme mit dem Geld".

Trotzdem ließ Susi es sich nicht nehmen mit der Tochter zu telefonieren. Doch sie stieß auf die gleiche Ablehnung. „Kümmern Sie sich gefälligst um Ihre eigenen Angelegenheiten!"

Ein halbes Jahr später wurde Frau Maier schwer krank. „Sie wird immer schwächer", sagte die Pflegeleiterin zu Susi. „Jetzt hätte sie gerne ihre Tochter um sich. Sie hat einen Brief an sie geschrieben".

Der Brief kam gerade noch rechtzeitig bei Frau Maiers Tochter an. Zwei Tage, bevor Frau Maier starb, kam die

Tochter ins Pflegeheim zu ihrer Mutter. „Schade, nur zwei Tage. Es hätten zwei Jahre sein können", sagte Susi nach der Beerdigung traurig zur Pflegeleiterin. „Freuen Sie sich über zwei Tage", meinte diese. Die haben Frau Maier und ihre Tochter nur Ihnen zu verdanken".

Was wisst ihr von Alfred Schmeißer?

Ihre erste Trauerfeier hatte sich die junge Pfarrerin Beate Brehm etwas anders vorgestellt. Zum einen musste sie den zuständigen Pfarrer von der Nachbargemeinde vertreten, zum andern war der Verstorbene ein Altenheimbewohner, der außer einer Nichte keine Angehörigen mehr hatte. Von der Nichte, mit der sie telefoniert hatte bekam sie keinerlei Anhaltspunkte. Sie hätte mit ihrem Onkel kaum Kontakt gehabt, könne auch wegen der weiten Fahrt und wegen eines gebrochenen
Beines nicht zur Trauerfeier kommen. So hatte Beate Brehm nur ein paar dürre Zahlenangaben. „Armer Alfred Schmeißer", dachte sie. An der Trauerfeier würden nur einige Pflegekräfte des Heimes teilnehmen.

Ob sie von der Wohngruppe etwas Unterstützung bekommen würde? Aber auch da eine enttäuschende Reaktion. „Wir halten unsere Bewohner da raus, es ist schlimm genug, wenn sie merken, dass wieder einer nicht mehr da ist", so die Antwort der zuständigen Heimleitung.

„Ich würde mich trotzdem gerne mit den Bewohnern seiner Gruppe unterhalten", bat die Seelsorgerin. „Bitte erlauben Sie es mir!"

Fünf Jahre hatte Alfred Schmeißer im Heim gelebt. Da musste doch etwas über ihn zu erfahren sein. Die Wohngruppe freute sich am Nachmittag über den unerwarteten Besuch. Beate stellte sich vor, unterhielt sich eine Zeitlang mit den Bewohnern und brachte ihnen schonend bei, dass Herr Schmeißer verstorben war .Und dann rückte sie mit ihrem eigentlichen Anliegen heraus. „Erzählen Sie mir von Alfred Schmeißer!"

Nach einer langen Pause sagte eine schüchterne Alte leise: „Sein Lieblingsessen waren saure Heringe. Ich habe ihm immer einen von mir gegeben." „So was doch nicht, Resi", empörte sich eine andere Frau, die Hanna hieß und sehr resolut wirkte.

„Doch alles, sagen Sie mir einfach alles, was sie wissen", ermutigte Beate die Gruppe und begann zu schreiben. Plötzlich hatte jeder etwas zu sagen. Und Beate schrieb und schrieb. Dann zündete sie eine Kerze an und sprach ein Gebet. „Ich bin Ihnen sehr dankbar", sage sie zum Schluss. „Sie haben mir sehr geholfen. Ich wünsche Ihnen von Herzen alles Gute."

„Schade, dass wir übermorgen bei der Trauerfeier nicht dabei sein können", meinte ein kleiner Mann im Rollstuhl leise. „Doch, wir werden dabei sein.

Dafür werde ich schon sorgen". Das war wieder die resolute Hanna.

Und dann wurde es trotz aller Bedenken und aller Schwierigkeiten eine ganz besondere Trauerfeier. Beate hatte alle Aussagen wie Puzzleteile zu einem Ganzen zusammenzusetzen versucht. Sicher, etliche Teile fehlten, aber es genügte. Von den letzten fünf Jahren wusste sie am meisten. Dass Herr Schmeißer am liebsten seine Nachmittage im Park verbracht hatte, Vögel beobachtet hatte, jeden Baum und jede Blume mit Namen gekannt hatte, dass Sonnenblumen seine Lieblingsblumen gewesen waren, das alles kam zur Sprache. Ja, sogar die sauren Heringe kamen vor und die Schokolade, die Resi jedes Mal für ihren Hering bekommen hatte.

Am Schluss teilte die Seelsorgerin Sonnenblumen aus, die sie in einer Gärtnerei besorgt hatte. Mit Alfreds

Lieblingsblumen, Fürbittengebeten und dem Lied: "Geh aus mein Herz und suche Freud"...nahmen die Bewohner und Pflegekräfte Abschied.

Imparare italiano

„Signore Giovanni ist ein richtiger Jungbrunnen für unsere Damen"; schmunzelte die Heimleiterin. „Seit der charmante Italiener bei uns wohnt, kommt Frau Bär nicht mehr in schlapprigen Jogginganzügen zum Essen, sondern zieht wieder ihre hübschen Kleider an." „Ja und Frau Engel war schon zwei mal beim Friseur und Frau Distler ist viel netter geworden und schimpft nicht mehr wegen jeder Kleinigkeit." Auch Bastian, der gerade sein freiwilliges Jahr machte, war der Wandel aufgefallen. „ Ich musste gestern für die beiden ein italienisches Wörterbuch in der Buchhandlung kaufen. Heute Morgen haben sie Signore Giovanni begrüßt: Buon giorno, comme stai? Giovanni hat ihnen zwei Plätze neben sich angeboten und italienisch weiter gesprochen. Nix verstehen, non capito, hat Frau Engel gerufen. Dann lernen, imparare italiano mit Signore Giovanni. Quando, wann? , hat er gerufen. "Die Heimleiterin zeigte sich beeindruckt..

Und so kam es, dass der neue 84jährige Heimbewohner, dessen Sohn eine Pizzaria in der Stadt hatte, jeden Dienstag und Donnerstag kleine Sprachlektionen erteilte. Es gesellten sich sogar noch zwei Damen und ein Herr dazu. Bastian hatte für Giovanni bunte Bilderkärtchen im Spielschrank gefunden. Zum Vokabellernen, schlug er vor. Also hielt der Italiener ein Bild hoch und die gelehrigen Schüler antworteten eifrig der Reihe nach: „La finestra, la porta, il tavolo, la casa, la mela.... Oder er machte bestimmte Gesten für einkaufen, schlafen, singen, essen, gehen... Comprare, dormire, cantare, mangiare, andare. ...Es ging

recht lebhaft und lustig in der Gruppe
zu und niemand lachte über Fehler und
Verwechslungen, die häufig vorkamen.
Am Schluss der Lektion wurde gezählt:
Uno, tue, tre, quatre, cinque, sei,
sette.... Und wenn Bastian in der Nähe
war, bestellte Giovanni als krönenden
Abschluss: „Sei cappucini, per favore!
Per tutti! Avanti Bastiano!"

Seniorenkanal

Das Thema des Gesprächskreises war dieses Mal „Fernsehen". In der kleinen Aula des Seniorenheimes hatten sich zwölf Bewohner zusammengefunden. Bernd, ein neuer Praktikant leitete das Gespräch.

„Ich guck nur Nachrichten und die guck ich auch bald nicht mehr, weil die oft so schlimm sind", begann Frau Röder die Runde. „Und dann kann ich nicht einschlafen."

Herr Funke konnte sich für Tierfilme begeistern: „Da sieht man so schöne Großaufnahmen. Das könnte man nie in Wirklichkeit erleben."

„Ich mag gern Reiseberichte, am liebsten von Ländern, in denen ich schon war. Da kommen so viele Erinnerungen hoch. Neue Länder sind auch interessant, aber ich kann mir nicht mehr viel merken." Frau Schatz nickte bedauernd mit dem Kopf.

Herr Gebhard hatte sich früher für Krimis begeistert: „Viel Spannung, viel Action! Ich ließ keinen Tatort aus. Jetzt will ich das nicht mehr. Und die Handlung geht immer so durcheinander."

Herr Ott, der früher einmal Geige gespielt hatte schwärmte für Musiksendungen.

Frau Walter wollte keine Folge vom „Marienhof" versäumen und ihr Mann keinen Heimatfilm der 50er Jahre.

Frau Bachmann hatte keine besonderen Vorlieben. „Ich schaue alles, Hauptsache bunte Bilder, Hauptsache, der Tag vergeht irgendwie."

Die anderen Bewohner wollten und konnten sich nicht festlegen, kritisierten, dass es so viel Sendungen mit Mord, Brutalität und Sex geben würde. Außerdem würden sie die vielen

Kanäle verwirren und mit der Programmzeitung kämen sie auch nicht mehr zurecht.

„Warum gibt es eigentlich keinen TV – Kanal für Senioren, für die Kinder gibt es doch auch einen Kinderkanal"; bemängelte Frau Strobel und bekam viel Zustimmung. „Einen Fernsehkanal, der nur schöne Sendungen bringt, wir wollen einen Senioren-Kanal. So viele alte Leute können schlecht schlafen, viele schalten dann den Fernseher ein und dann kommen so blöde Sendungen, dass man erst recht nicht schlafen kann. Einen Fernsehkanal, der nur Beruhigendes bringt, das würden sich viele wünschen".

„Bis die das vom Fernsehen geschnallt haben, gibt`s uns schon nicht mehr. Bernd, Sie müssen uns helfen." Frau Strobel sah Bernd auffordernd an. Und Bernd half. In der nächsten Zeit nahm er geeignete Filme auf: Konzerte, Landschaftsbilder mit Musik, Reisen, Tiersendungen und alte Unterhaltungsfilme. Jeden Nachmittag um vier Uhr konnten sich interessierte Bewohner im Gruppenraum treffen und eine Sendung ansehen. „Unser Seniorenkanal" stand auf einem Plakat und dazu der entsprechende Titel. Am beliebtesten war: Vivaldi – vier Jahreszeiten mit Landschaftsaufnahmen. Diesen Film musste Bernd immer wieder einlegen. „Bernd, Sie sind ein Schatz", lobte Frau Strobel. Und das fanden die anderen auch.

Ein Handy für Opa Roth

„Nein, nein, ich will kein Handy. Ich will mein altes Telefon mit Schnur wieder", beharrte Herr Roth. „Aber Opa, das ist doch kaputt, solche Telefone gibt es gar nicht mehr. Außerdem ist ein Handy viel praktischer, du kannst es überall mit hin nehmen", versuchte Enkel Tobias Überzeugungsarbeit zu leisten. „Ich lass dir mal mein altes Handy da. In der Zwischenzeit kannst du mit Vati telefonieren und Vati mit dir, am besten Mittwochabend ab 19 Uhr. Seine Nummer ist eingespeichert. Und vergiss nicht das Handy einzuschalten." Aber es kam kein Anruf am Mittwoch, weder für Herrn Roth noch für seinen Sohn. Genervt rief dieser im Altenheim an. „Bitte, helfen Sie meinem Vater das Handy einzuschalten und sagen Sie ihm, ich rufe ihn in einer Viertelstunde an". „Doch, doch ich habe versucht dich anzurufen, aber du hast nicht gehört", behauptete Herr Roth fünfzehn Minuten später. „Aber es hat nicht getutet." Der Sohn seufzte: „Hast du die Taste mit dem Telefonhörer nach dem Wählen gedrückt?" Herr Roth war unschlüssig: „Weiß nicht mehr." Erneutes Seufzen: „ O.k. ich zeig es dir noch mal, nächste Woche komme ich selbst vorbei."

Eine Woche später . „Ich hab gleich gesagt, das ist nichts für mich. Ich kann das nicht, ich brauch das nicht", Herr Roth senkte beschämt den Kopf. „Es ist kaputt." „Wie denn das? Hast du es runter fallen lassen?", erkundigte sich der Sohn. „Ja, es ist ins Klo gefallen. Ich habe es nicht gemerkt. Die Putzfrau hat es erst am nächsten Tag gefunden." Der Sohn konnte sich ein Schmunzeln nicht verkneifen: „ Nur gut, das es das alte Handy war."

Acht Tage später war Enkel Tobias wieder da. Dieses Mal hatte er ein Senioren-Handy dabei. Große Tasten, Lautstärkeregelung, hörgerätekompatibel und mit einer Handytasche zum Umhängen.

Zwar verwechselte Opa Roth in der ersten Zeit das Handy mit der Fernbedienung für den Fernseher, aber nachdem eine Pflegerin mit ihm übte, nachdem sie einen roten Punkt auf das Handy geklebt hatte („rot wie reden"), klappte auch das. Und weil das Handy außerdem eine Notruftaste hatte, wagte Herr Roth wieder kleine Spaziergänge in seinen geliebten Park zu machen.

Das Gelb der Butterblume

Dr. Sax sah seinen Patienten Rolf Liebig erfreut an. „Ihr Gesundheitszustand gefällt mir in letzter Zeit immer besser. An den Medikamenten kann es nicht nur liegen. "Herr Liebig war der typische, vielbeschäftigte Manager, der nach einem Herzinfarkt und anschließender Reha wieder langsam ins Berufsleben einsteigen sollte.

„Machen Sie Yoga, autogenes Training, haben Sie eine neue Bekanntschaft? Verraten Sie mir Ihr Geheimnis!"

„Weder noch, mein Geheimnis heißt: Das Gelb der Butterblume". „Das müssen Sie mir genauer erklären". Jetzt war Dr. Sax neugierig geworden.

„Wissen Sie, ich besuche zur Zeit die Mutter meines Freundes in einem Altenheim. Peter musste auf

Geschäftsreise nach China. Sie wird dir gut tun, die alte Dame, sagte er. Du hast doch jetzt alle Zeit der Welt. Altenheim ist so gar nicht mein Ding, aber ich wollte es meinem Freund nicht abschlagen. Ja und dann hat mir die Liesel das Hören und Sehen neu beigebracht. Die kann sich ja so freuen. Ich hatte vergessen Blumen für sie zu kaufen, also habe ich unterwegs gehalten und so was Gelbes vom Wegrand gepflückt. Butterblumen hat sie gestrahlt Sehen Sie nur das Gelb der Butterblumen. Dieser intensive warme Goldton, wenn die Sonne drauf fällt. Liesel hat mir beigebracht zu schauen, zu hören, zu sein. Egal, ob es die schillernde Feder der Elster war, die sie beim Spaziergehen gefunden hatte oder die Vollkommenheit eines Eichenblattes vor der Tür, egal ob es Regentropfen waren, die an ihrem Fenster herunter liefen oder die

Flamme, die beim Anzünden eines Streichholzes aufleuchtete – ich sah plötzlich alles mit neuen Augen, viel intensiver. Wir lauschten bei geöffnetem Fenster dem Gesang einer Amsel, wir beobachteten, wie der Wind mit dem zarten Birkenlaub spielte, wie ein Eichhörnchen nahezu fliegend von Ast zu Ast sprang. Wir ließen die warmen Strahlen der Abendsonne über das Gesicht wandern und und und.....Das habe ich auch erst im Alter gelernt, hat Liesel immer gesagt. Das Alter muss doch auch einen Vorteil haben. Man kann sich dafür Zeit nehmen."

„Und noch besser ist der dran, der es schon vorher lernt", sagte der Arzt nachdenklich.

So fällt der Abschied leichter

Lange hatte Anna Schmitt den Besuch
hinausgeschoben. Schon seit zwei
Monaten war ihre Freundin Berta im
Seniorenheim. Aber dann war Anna
angenehm überrascht: „Schön hast du
es hier", staunte sie, als ihr die
Freundin das sonnige Zimmer, die
praktische Nasszelle und den
gemütlichen Gruppenraum zeigte.
„Würde dir auch hier gefallen. Komm
doch einfach öfter mal hier vorbei",
versuchte Berta ihr neues Zuhause der
Freundin schmackhaft zu machen.
Und in der Tat, Annas Sohn hatte schon
oft von einem Umzug ins
Seniorenheim gesprochen, nachdem
seine Mutter in letzter Zeit öfter
gestürzt war. Sollte Anna sich doch
langsam mit dem Gedanken vertraut
machen?
Von nun an besuchte Anna die

Freundin wöchentlich, nahm sogar manchmal am Spielnachmittag teil und lernte so das Pflegeteam kennen. Dann ließ sich Anna in der Warteliste aufnehmen. Vielleicht in einem Jahr, versprach man ihr. Aber dann war schon nach sechs Monaten ein Platz frei, sogar auf Bertas Etage. Vom Balkon aus konnten sich die beiden zuwinken. Vom Umzug bekam Anna nicht viel mit, den organisierte ihr Sohn in kürzester Zeit. So fiel Anna Schmitt das Eingewöhnen leicht. Außerdem kümmerte sich Berta rührend um die Freundin.

Überraschung für Ömchen

Verschmitzt hatte er ausgesehen, ihr Enkel Tilmann, als er ihr verriet: „Ömchen, wir schenken dir was Tolles zum 75. Geburtstag. Etwas, damit du noch lange in deinen vier Wänden bleiben kannst." Mehr hatte er ihr nicht verraten und damit hatte er sie neugierig gemacht. Vielleicht etwas, das ihr den Haushalt erleichterte, einen Geschirrspüler? Weil sie neulich mal verlauten ließ, dass sie nicht gerne abspülen würde und sie sich schämte, dass in der Küche ihr schmutziges Geschirr noch herumstand? Aber ein Geschirrspüler für eine Person? Lohnte sich das? Zum 70. war es eine Mikrowelle gewesen. Zuerst war sie nicht begeistert davon, aber inzwischen schaltete sie die „Kiste mit dem Pling" gerne ein, wenn sie etwas zum Auftauen oder Aufwärmen hatte. Eine Woche vor dem Geburtstag kam Tilmann wieder und behauptete irgendetwas am Telefonanschluß überprüfen zu müssen. Außerdem hatte er eine große Schachtel dabei. Und da fiel Ömchen die Miniaturpuppenstube ein, die sie in einer Schaufensterauslage gesehen hatten. Sie war mit ihrer Tochter und Tilmann beim Essen gewesen. „Sammlerstück – Sonderpreis – Erfüllen Sie sich einen Kindheitstraum". So stand auf einem Schild daneben. Alle fanden die kleine Küche ganz reizend und Ömchen wollte sich gar nicht von dem Schaufenster trennen. Dieses Geschenk würde ihr viel Freude machen. Wenn man sich freut, geht es einem gut, bleibt man gesund....muss noch nicht in ein Seniorenheim.... sinnierte Ömchen. Ganz logisch erschien es ihr allerdings nicht. Aber schön wäre es, sogar sehr schön.

„Nein, ist das eine Überraschung. Ist das schön! Ich freue mich riesig..." so würde sie sagen. Aber dann blieb Ömchen erst mal die Sprache weg, als ihre Angehörigen zum Gratulieren kamen. Was da auf dem Tisch stand, war beileibe kein Puppenzimmerchen. Ömchen musste sich an der Stuhllehne festhalten. So dumm war sie nicht, dass sie nicht wusste, dass vor ihr ein Laptop stand. „Ich und ein Laptop", stammelte sie und atmete tief durch. „Ja du und ein Laptop", strahlte sie Tilmann an. „Von uns allen, deinen zwei Kindern und deinen drei Enkeln. Freu dich doch. Ist gar nicht so schwer. Du bekommst von mir jede Woche eine Lektion. Gehört zum Geschenk mit dazu. Der Internetanschluss ist schon fertig. Nächste Woche geht`s los. Wie schreibe ich eine e-mail? Den Weg zum Postkasten kannst du dir dann oft sparen." „Und ich habe gedacht, es wäre die kleine Puppenküche", stotterte Ömchen. Tilmann lachte: „Eine Puppenküche steckt in deinem Laptop auch drin. Lektion Internet – Puppenhausmuseum. Du wirst staunen!"

Und Ömchen staunte oft. Wie schnell das mit den e-mails ging! Und die tollen Puppenhäuser, die man im virtuellen Museum anklicken und bestaunen konnte! Sie staunte aber auch, wie so oft gar nichts mehr ging und der Bildschirm einfach dunkel blieb oder irgendetwas nicht funktionierte. Vor allem aber, wie schnell ihr Enkel Tilmann immer zur Stelle war, wenn sie SOS per Telefon meldete. „Kein Problem, ich mach das schon"; pflegte er dann zu sagen. Hast du zufällig noch italienischen Nusskuchen eingefroren?"

Ömchen hatte. Die häufigen Reparaturbesuche – meist war gar

nichts kaputt, Ömchen hatte meist nur einen falschen Klick gesetzt – die waren das allerschönste Geburtstagsgeschenk.

Mögen Sie Brahms?

„Oh Pardon, ich habe gedacht das wäre mein Zimmer", entschuldigte sich Herr Brand erschrocken. Er war erst seit zwei Tagen im Heim und hatte schon öfter die Türe verwechselt. „Nicht schon wieder", sagte Frau Reim leicht genervt. „Aber jetzt trifft es sich gut. Ich wollte gerade nach dem Pfleger klingeln. Würden Sie mir bitte meine Tablette aufheben. Sie muss unter das Bett gerollt sein. Ich kann mich nicht bücken. Sie sehen ja, ich sitze im Rollstuhl."
„Aber gerne", Herr Brand war froh, seinen Fehler wieder etwas gut machen zu können. Als er sich bückte und hinkniete, was ihm nicht ganz leicht fiel, entdeckte er unter dem Bett noch mehr Gegenstände, die der alten Dame heruntergefallen sein mussten. Mit

Hilfe eines Gehstockes kamen außer der Tablette eine Münze, ein Bleistift und eine CD – Hülle mit Mozarts kleiner Nachtmusik zum Vorschein. Frau Reim zeigte sich sehr erfreut. „Ach da hat sich mein Amadeus versteckt. Mögen Sie auch Mozart so gerne? Dürfte ich Sie bitten die CD gleich einzulegen? Das Gerät steht auf dem kleinen Tisch am Fenster".
„Ja, ich mag Mozart auch sehr. Leider habe ich keinen CD- Player. Hätten Sie was dagegen, wenn ich mir die Nachtmusik mit anhöre?" Frau Reim hatte nichts dagegen. Sie hatte auch nichts dagegen, dass Herr Brand sich in den nächsten Tagen noch andere CDs bei ihr anhörte und hatte auch nichts dagegen, dass er ihr als Dankeschön eine Packung After Eight mitbrachte. Die mag ich so gerne, hatte sie ihm beim „Mögen Sie"- Spiel verraten. Dieses Spiel machten sie inzwischen

regelmäßig. „Mögen Sie Krimis?"
„ Mögen Sie Bilder von Chagall?"
„ Mögen Sie Volkslieder?" „ Mögen
Sie Erdbeeren?" Jeder versuchte dabei
den anderen vorher einzuschätzen. Wer
hatte die meisten Treffer?
Sie fanden viele Dinge, die sie beide
mochten und deshalb trafen sich die
beiden immer öfter. Und Frau Reim
mochte auch, dass Herr Brand ihren
Rollstuhl schob.
Das Getuschel einiger alten
Heimbewohner mochten sie beide
nicht, aber das nahmen sie gerne in
Kauf.

Manchmal gehen Wünsche in Erfüllung

Ein Sponsor, der nicht genannt werden wollte, hatte dem privaten Wohnstift 6 000 Euro zur Verfügung gestellt. Erfüllen Sie jedem Bewohner einen Herzenswunsch. Das war das Motto.
Meine Wünsche, war deshalb das Thema beim Unterhaltungsnachmittag. „Stellen Sie sich vor, eine gute Fee würde Sie nach Ihren Wünschen fragen. Was würden Sie sagen". Die Antworten, die Schwester Anne nach einigem Zögern bekam, waren sich sehr ähnlich: Gesundheit, laufen ohne Rollstuhl, 30 Jahre jünger sein, durchschlafen können, mit dem verstorbenen Lebenspartner wieder zusammen sein können, ein Enkelkind bekommen, jede Woche Besuch von

den Kindern...... Anne fragte weiter, bis
auch erfüllbare Wünsche dabei waren.
Mit der Zeit machte es den Senioren
sichtlich Freude auch diese zu
benennen. Und Anne stellte beim
Aufschreiben befriedigt fest, dass
etliche Wünsche mit Geld und Zeit zu
realisieren waren.
So wünschte sich Frau Peters eine
Fahrt mit dem Riesenrad und Frau
Meins einen Zirkusbesuch. Opa
Schwarz wollte gerne im Rollstuhl
durch den Stadtpark gefahren werden,
um dort die Schwäne zu füttern. Herr
Beier wünschte sich ein
Volksmusikkonzert und Herr Lang eine
Fahrt in einem roten Ferrari. Die
Gartenausstellung anschauen, ein
Besuch beim ARD-Mittagsmagazin,
eine Fahrt mit dem Dampfer......
Den bescheidensten Wunsch hatte Frau
Marx: Eine kleine Sachertorte, „Ganz
für mich allein, jeden Tag ein

Stückchen, 16 Tage lang".

Das gesamte Pflegepersonal half mit, dass die Wünsche so rasch wie möglich in die Tat umgesetzt werden konnten. Allerdings musste sich Frau Meisel mit einem italienischen Abend zufrieden geben, der extra für sie veranstaltet wurde mit Dias vom Gardasee und nostalgischen Schlagern. Nachdem sie im Rollstuhl saß, wäre eine Reise nach Sirmione doch zu aufwändig gewesen. Als der Redakteur der Tageszeitung von dieser Aktion erfuhr, machte er Fotos und erstellte am Schluss ein Sondermagazin: „Manchmal gehen Wunschträume in Erfüllung".

90, 91, 92, 93....

Herr Holst blieb stur. „Kein Geburtstag
für mich heuer. Ich will nicht 90
werden und eine Feier will ich auch
nicht." Das Team im Altenheim, das
besondere Geburtstage vorbereitete war
ratlos. „Zwingen können wir ihn
nicht".

Mit Verwandtenbesuch war auch nicht
zu rechnen und so verbrachte Anton
Holst seinen 90. Geburtstag wie alle
anderen Tage. Als ein Geschenkkorb
von der Stadt überreicht wurde, ließ
sich Herr Holst entschuldigen, die
Blumen vom Heim ließ er im
Speisesaal stehen und die
Glückwünsche seiner Mitbewohner
nahm er nur widerwillig entgegen. Nur
dem Pfarrer entkam er nicht, denn der
hatte sich im Datum getäuscht und kam
erst einen Monat später.

Ob er den Wandel bewirkt hatte?

Seinen 91. Geburtstag wird Anton Holst erst recht nicht feiern wollen, war sich das Altenheimteam einig. Aber weit gefehlt. „Natürlich möchte ich feiern, war dumm von mir im letzten Jahr. Außerdem ist jetzt die blöde 90 vorbei, die 91 ist doch gleich was anderes."

„Gut, dass wir gefragt haben." Schwester Anni nahm alles in die Hand und bereitete einen schönen Nachmittag in der Wohngemeinschaft von Herrn Holst vor. Und so auch beim 92., 93. und 94.Geburtstag.

Jeder ein Individuum

„Bewundernswert, dass du da arbeiten kannst", staunte Lisa, als sie ihrer Freundin Annika , die Pflegerin im Altenheim war, ein versprochenes Buch vorbeibrachte.
Gerade füllte sich der große Speisesaal und die Bewohner, manche mit Rollstuhl oder Rollator, nahmen an den Tischen Platz. „Die schauen alle gleich aus, alt und gebrechlich", flüsterte Lisa ihrer Freundin zu. „Aber sie sind nicht alle gleich. Man muss nur ein bisschen länger hier sein, um das zu erkennen", widersprach Annika. „Schau nur mal zum Tisch an der Glastüre. Ich stelle sie dir mal schnell vor. „Mit der gestreiften Weste, das ist Herr Adam. Er ist 78 Jahre und ist seit dem Tod seiner Frau depressiv. Er konnte sich einfach nicht mehr alleine versorgen.

Aber seit zwei Monaten schreibt er wieder kleine Geschichten über unser Haus und für unsere Leute. Im Uhrzeigersinn neben ihm, das ist Anni Sturm, 84 Jahre. Sie war Köchin, leider ist sie sehr verwirrt und bringt alle Rezepte durcheinander.. Aber sie hat sie alle aufgeschrieben und ab und zu macht die Küche einen Anni-Sturm-Auflauf. Da freut sie sich und strahlt. Schmeckt aber auch lecker.

Dann kommt das Ehepaar Schramm. Peter 89, Sofie 91, unser Vorzeigepaar. Die machen alles gemeinsam. Irgendwie sehen sie sich auch ähnlich. Er war Oberlehrer, sie überzeugte Hausfrau. Sie kann wunderschön basteln und er hilft ihr bei kleinen Arbeiten, beim Papierschneiden und Ähnlichem.

Der Herr mit dem braunen Gesicht und den weißen Haaren ist Herr Strobel, 88 Jahre. Er joggt noch jeden Tag mit

Minischritten durch den Park und führt genau Buch über seine Zeit und seine gedrehten Runden.

Daneben sitzt Frau Burger. Immer chic, geht jede Woche zum Heimfrisör und lädt ihre Wohngruppe ab und zu in die Cafeteria ein. Sie kann den Erlkönig auswendig und ist eine der wenigen, die regelmäßig liest.

Herr Stern, 89 Jahre, war früher KFZ-Mechaniker. Er meldet sich manchmal für zwei Stunden ab und schaut sich in der Tankstelle Autos an. Letzte Woche durfte er bei einer Probefahrt mitfahren.

Nein, sie sind nicht alle gleich. Jeder ist ein Individuum. Und ich möchte dazu beitragen, dass es jeder auch bleiben kann. Jeder ist einmalig. Ich hoffe, es gelingt mir".

Lisa sah die Freundin nachdenklich an: „Ich bin davon überzeugt".

Grete kocht!

Ein Kinderkochbuch für Kinder von 6–12 Jahren

Hobbys gesucht

Drei Wochen, nachdem das neue Seniorenstift eröffnet worden war, beauftragte Heimleiter Bauer seine Mitarbeiterin Sofia: „Finden Sie bitte heraus, womit sich unsere Heimbewohner früher gerne beschäftigt haben, welche Hobbys sie hatten".
Erstaunliches kam zu Tage. Es gab einen leidenschaftlichen Modelleisenbahnfan, zwei begeisterte Köchinnen, drei Kuchenbäckerinnen, einen Hobbyfotograf, einen Schnitzer, einen Hermann Hesse –Verehrer, einen Tennisspieler, einen Aquarellmaler, zwei Leseratten, eine ehemalige Handarbeitslehrerin, einen Mathematiker und einen Geigenspieler.
Am nächsten Tag ging Herr Bauer von Tür zu Tür und wollte von den

Bewohnern ihre „Schätze" sehen. Aber Herr Bauer wurde enttäuscht. Kaum ein Bewohner hatte etwas zum Vorzeigen mitgebracht und dabei hatte jedes Zimmer eine Vitrine, um darin Besonderheiten aufzuheben oder auszustellen. Damit hatte das Heim geworben.

„Ist alles zu Hause. Ich habe nur das Notwendigste dabei". Diese Antwort bekam Herr Bauer oft zu hören.

Nur Frau Schneider hatte alte Liederbücher mit wunderschönen Bildern in ihrer Vitrine ausgestellt und getraute sich nach einigem Zögern weitere Bücher zu zeigen, die sie unter ihrem Bett gestapelt hatte. „Meine Tochter darf es aber nicht wissen, die glaubt die wären im Altpapier", gestand die alte Dame verschämt.

„In der nächsten Zeit möchte ich in Ihrer Vitrine eine Schnitzarbeit sehen. Ihre Unterwäsche brauchen Sie nicht auszustellen", empörte sich der Heimleiter und leerte die Vitrine von Herrn Schidt. Dieser schüttelte verdutzt den Kopf.

„Lassen Sie sich von Ihren Angehörigen ein paar schöne Dinge mitbringen", wurde den Heimbewohnern immer wieder ans Herz gelegt.

Die Vitrinen füllten sich nur allmählich, aber sie füllten sich. Beim nächsten Rundgang entdeckte Herr Bauer eine kleine elektrische Lokomotive, zwei Tennispokale, einen geschnitzten Kerzenständer und Schachfiguren, ein altes Poesiealbum mit Goldschnitt und deutscher Schrift.

„Ich blättere jeden Tag eine andere Seite auf und erinnere mich an meine alten Freunde", sagte Frau Bach zufrieden.

Vier Wochen später war „ Tag der offenen Tür und der gefüllten

Vitrinen". „Lernen Sie unsere Heimbewohner und ihre Hobbys kennen", stand in der Zeitung.

Und so gab es an diesem Sonntagnachmittag außer Kaffee und Kuchen so manche vorsichtige Bekanntschaften.

Frau Müller diktierte einer Besucherin stolz ihr Käsekuchenrezept, Herr Brehm gab eine Violinsonate zum Besten und Frau Huber sortierte am Abend beglückt bunte Wollreste, die ihr jemand mitgebracht hatte.

Und das war erst der Anfang.

Tanz, Kindlein, tanz!

Tanz, Kind - lein, tanz! Die
Schu - he sind noch ganz.
Laß dich nicht ge - reu - e, der
Schu - ster macht dir neu - e.
Tanz, Kind - lein, tanz!

89

Bufdi Heiko

Mit Bedauern und vielen guten Wünschen hatten die Heimbewohner ihre beiden Zivildienstverweigerer verabschiedet.

„Heißt der neue Zivi, der heute kommt wirklich Bufdi ?", wollte Frau Schneider vom Heimleiter wissen.

„Aber nein", sagte dieser. „Der neue Zivi heißt Heiko. Aber er ist kein Zivildienstler. Die gibt es leider nicht mehr, weil der verpflichtende Wehrdienst abgeschafft ist. Dafür gibt es jetzt die Bundesfreiwilligendienstler, und die heißen abgekürzt Bufdis.

„Warum kommt nur einer?", fragte Frau Schneider. „Dieser neue Dienst ist freiwillig, leider haben sich nicht genügend junge Männer gemeldet. Aber der Heiko ist ein ganz netter. Sie werden zufrieden sein".

Und so war es auch. „Bufdi Heiko"war bald der Liebling auf der Station. Die meisten nannten ihn nur Bufdi. „Weil wir doch nur einen haben".

„Wenn alle jungen Männer wüssten, wie gern wir Sie hier haben und wie nötig wir Sie hier brauchen, würde es mehr Bufdis geben", waren sich alle auf der Station nach kurzer Zeit einig. Bufdi Heiko freute sich leicht errötend über das nette Kompliment.

Die neue Mitarbeiterin

„Unsere neue Mitarbeiterin heißt Sissi. Sie ist für alle Stationen unseres Pflegeheimes zuständig". Mehr hatte Herr Lutz, der Heimleiter, nicht verraten. Auch Schwester Nadine tat sehr geheimnisvoll: „Sie ist sehr jung und schön".

Am 13. Mai war es dann soweit. Nach dem Mittagessen stellten Herr Lutz und Schwester Sabine die neue Mitarbeiterin vor: Eine dreijährige Labradorhündin.

Die Überraschung war gelungen. Schwanzwedelnd ging die Therapiehündin durch die Stuhlreihen und ließ sich gutmütig von den alten Menschen streicheln.

Herr Schwarz, der seit seinem Schlaganfall nicht mehr gesprochen hatte, bewegte aufgeregt seinen Mund: „Hund, Hund"…Und die demente Frau

Fuchs strahlte übers ganze Gesicht, als Sissi ihren Kopf auf ihren Schoß legte. „Bella, Bella, meine Bella. Da bist du ja wieder!"
Die Hündin wurde vorwiegend für die Betreuung von Demenzkranken und in der Beschäftigungstherapie eingesetzt. Sissi war von da an der Gesprächsstoff Nummer 1. Erst danach kamen die „Wehwehchen". Niemand wollte Sissi mehr missen. Im ganzen Haus war sie beliebt.
 Opa Spindler legte eine Liste an, wer wann mit Sissi durch den Park laufen durfte.

Der Faschingshut

Schließlich hatte Herr Scholz nachgegeben. „Aber nur, wenn Sie mich nach einer Stunde wieder auf mein Zimmer bringen und wenn ich keinen Faschingshut aufsetzen muss", hatte er sich ausbedungen. Beides versprach Schwester Gabi hoch und heilig. „Mein Leben lang war ich nicht auf dem Fasching und jetzt auf meine alten Tage soll ich diesen Blödsinn mitmachen", grantelte Herr Scholz vor sich hin.

In der Cafeteria des Seniorenstiftes ging es laut und lustig zu. Überall saßen die Senioren mit bunten Hüten auf den Köpfen und ließen sich Krapfen und Kaffee schmecken. Dazu spielte ein Akkordeonspieler Schlager und Oldies von früher.

Schwester Gabi schob den Rollstuhl durch das Gedränge und stellte Herrn

Scholz zu einem Tisch, an dem Herr
Meinhard mit einem Cowboyhut saß.
„Ich bringe Ihnen Gesellschaft", sagte
Gabi zu ihm und zu Herrn Scholz: „In
einer Stunde bin ich wieder da. Ich
wünsche gute Unterhaltung."
Herr Meinhard lachte Herrn Scholz an.
„Kennen wir uns schon? Sind Sie nicht
der Neue vom zweiten Stock? Der, der
so gern Kreuzworträtsel löst?" „Ja, der
bin ich". Herr Scholz war überrascht
und erleichtert. „Ich suche gerade
König von Kreta mit vier Buchstaben.
Zweiter Buchstabe ist ein i."
„Heut bin ich ein Cowboy", lachte Herr
Meinhard. „Fragen Sie mich morgen
wieder. Ich habe übrigens ein
Kreuzworträtsel-Lexikon. Aber sagen
Sie, wie gefällt Ihnen mein Hut? Hat
mir mein Enkel Tim geliehen."
„So einen habe ich mir als kleiner
Junge immer gewünscht, aber nie
bekommen", seufzte Herr Scholz.

„Dann bekommen Sie ihn eben heute!"
Und ehe es sich Herr Scholz versah,
hatte er Herrn Meinhards Hut auf dem
Kopf. „Steht Ihnen gut", bewunderte
ihn der Spender.

Am Nachbartisch klatschte eine alte
Dame mit lila Schleierhütchen Beifall:
„Ganz, ganz wunderbar"…Und ihre
Nachbarin, eine Gärtnerin mit
Blumenhut begann zu trällern: „Ich
will ´nen Cowboy als Mann"…

Als Schwester Gabi pünktlich nach
einer Stunde vorbei kam, um Herrn
Scholz abzuholen, ließ sie sich gerne
wieder wegschicken.

Der Einkaufsdienst

„Nein, diese Äpfel will ich nicht. Ich wollte Jona Gold"! „Es gab leider keine anderen", wandte die junge Studentin Gela ein. „Und das soll weiches Klopapier sein? Das ist viel zu hart. Ich habe Hämorrhoiden. Wissen Sie überhaupt, was das ist? Ihr jungen Dinger wisst das freilich nicht. Ich brauche dreilagiges Klopapier und das weichste, das es überhaupt gibt! Und das nächste Mal nehmen Sie kleine Joghurtbecher, nicht diese großen. Die stehen mir zu lange offen im Kühlschrank rum!"
„Es gibt kein nächstes Mal, auf Wiedersehen!", erwiderte Gela kühl, legte den Geldbeutel und den Kassenzettel auf den Tisch und bemühte sich die Türe nicht allzu laut hinter sich zu schließen.
Sie hatte bereits das dritte Mal für Frau

Hartmann eingekauft und jedes Mal war sie nicht eben freundlich behandelt worden. Beim ersten Mal hatte Frau Hartmann sie vorwurfsvoll begrüßt: „Warum kommen Sie so spät? Ich warte schon seit einer Stunde!" Dann hatte sie sich beschwert, dass Gela drei Milka-Schokoladen zum Normalpreis gekauft hatte, weil das Aktionsangebot schon ausverkauft war. „Da hätte eine Tafel genügt, eine! Ich muss sparen!" Beim zweiten Mal hatte sie Gela den leeren Geldbeutel mitgegeben und Gela musste den Weg zum Supermarkt noch einmal machen. „Da hätten sie vorher nachschauen müssen", hatte Frau Hartmann lapidar geantwortet. „Sie sind noch jung, ich bin schließlich schon alt und etwas vergesslich!" Und ganz schön eigensinnig, hatte Gela gedacht und im Stillen bedauert, dass sie dieses Ehrenamt überhaupt angenommen hatte.

„Wer kauft einmal in der Woche für Senioren ein?" So war auf dem Anschlagbrett der Universität gestanden und Gela hatte sich gleich am nächsten Tag eine Adresse abgeholt.

So hatte sie sich das nicht vorgestellt. „Einmal müssten Sie noch für die alte Dame einkaufen, bis wir einen Ersatz gefunden haben", war Gela einen Tag später bei der Vermittlung in der Uni gebeten worden.

Beim vierten Mal stand Frau Hartmann schon an der Tür. Gela hatte sich schon zurecht gelegt, was Sie der alten Dame sagen würde. Doch die kam ihr zuvor: „Tut mir leid, dass ich Sie so schlecht behandelt habe und so viel gemeckert habe. Ich habe gar nicht gewusst, dass Sie nicht dafür bezahlt werden. Schade, dass Sie nicht mehr kommen wollen. Oder würden Sie es noch mal mit mir probieren?"

Wohnen und Helfen

Etwas beklommen war ihr doch zumute, als es um fünfzehn Uhr wie verabredet dreimal klingelte. Frau Peters atmete tief durch und öffnete dann entschlossen die Türe. „Guten Tag Frau Peters. Ich bin Irene Hansen. Ich soll mich bei Ihnen vorstellen. Darf ich rein kommen?" Die junge Frau lachte die 85jährige an und streckte ihr die Hand hin.
Die Sportstudentin hatte sich vor vier Wochen bei der Zimmervermittlung "Wohnen und Helfen" gemeldet. Wenn sich Vermieter und Helfer einig waren, wurde ein Vertrag gemacht. Irene sollte kostenlos bei Frau Peters wohnen. Im Gegenzug wollte sie für Frau Peters einkaufen, mit ihr spazieren gehen und im Winter Schnee schippen. Und einmal in der Woche, darauf hatte Frau Peters bestanden,

wollte sie mit Irene gemütlich Kaffee trinken und plaudern.

Der Vertrag war schnell gemacht. Schon eine Woche später bezog Irene bei Frau Peters ein Zimmer im ersten Stock und hängte ein Schildchen mit „Irene Hansen" unter den Klingelknopf von Frau Peters.

Kuscheln

„Ich habe heute mein
Weihnachtsgeschenk dabei. Du wirst
staunen", begrüßt Enkelin Jasmin ihre
Oma im Seniorenheim. „Ich habe mir
doch von dir einen Roboterhund
gewünscht. Mutti hat ihn für dich
besorgt. Soll ich ihn dir mal zeigen?"
Die alte Damr nickt erfreut. „Der Hund
ist eine Hündin und heißt Luna. Sie
kann ganz viel." Und Jasmin stellt ein
weißlila Etwas, das die Form eines
Hundes hat, auf den Tisch. Luna ist aus
Kunststoff, hat kein Fell, aber
riesengroße Augen und einen dicken
Schwanz aus Metall. „Luna sitz",
befielt Jasmin und Luna setzt sich.
„Luna sing ein Lied", und Luna singt:
Schlaf, Kindlein schlaf..."Luna, wackel
mit dem Kopf, Luna gib Pfötchen,
Luna dreh dich im Kreis"... Alles kann
Luna. Bei „Luna fass" springt Luna auf

die Seniorin zu, dass diese erschrickt. Aber sie erholt sich schnell. „Schön schaut deine Luna ja nicht aus. Aber was die alles kann!" Oma ist beeindruckt. „Pass mal auf, ich habe auch was für dich", verspricht Oma und klingelt nach der Pflegerin. „ Bitte bringen Sie uns mal unser Robbenbaby!" Nach kurzer Zeit kommt die Pflegerin mit einem weißen, flauschigen Tier im Arm vorbei. Auf Knopfdruck kann es sich bewegen und Tierlaute ausstoßen. Jetzt staunt die Enkelin. Oh, wie süß, ganz wie ein lebendiges Tier! Darf ich es mal nehmen?" Die Pflegerin legt ihr das Tier in den Schoß und erzählt: „Wir haben hier viele einsame Menschen, manche sind auch verwirrt und traurig, aber das Robbenbaby bringt ihnen viel Freude. Für manche ist es so schön, als würden sie richtigen Besuch bekommen. Seit Frau Schulz von

nebenan eine Roboterkatze hat, geht es
ihr viel besser." Jasmin muss
versprechen bald wieder zu kommen.
„Und bring Luna mit",ruft ihr Oma
nach.